Happy Book

# LE PETIT LIVRE DES

# COCKTAILS

hachette
PRATIQUE

Édition originale
© Summersdale Publishers Ltd, 2016
Textes : Rufus Cavendish
Publiée en 2016 au Royaume-Uni sous le titre *The Little Book of Cocktails*
par Summersdale Publishers Ltd, une marque de Hachette UK Company,
Octopus Publishing Group Limited, Carmelite House, 50 Victoria Embankment,
LONDON, EC4Y 0DZ, United Kingdom.

Édition française
© 2019, Hachette Livre (Hachette Pratique), Paris
Direction éditoriale : Catherine Saunier-Talec
Responsable éditorial : Stéphane Rosa
Direction artistique : Nicolas Beaujouan
Fabrication : Cécile Alexandre
Partenariats : Sophie Morier – smorier@hachette-livre.fr

# SOMMAIRE

# Le
# B. A.-BA.

# LES USTENSILES

## Le shaker

Il existe différents types de shakers sur le marché, parmi lesquels le shaker continental (ci-dessous, à gauche), le shaker Boston (ci-dessous, au centre) et le shaker trois-pièces ou *cobbler* (ci-dessous, à droite). La plupart des barmen privilégient habituellement le shaker Boston.

## La cuillère à mélange

Une cuillère en métal à long manche, souvent torsadé.
**Alternative bon marché :** une baguette en bois.

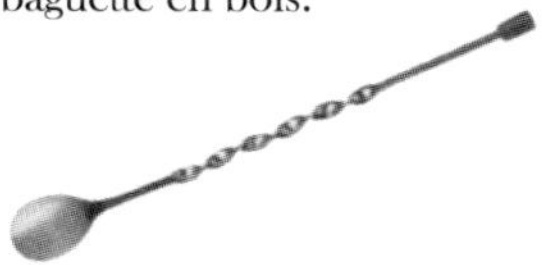

### Le doseur à cocktail

Un mini-doseur double.
**Alternative bon marché :** un verre doseur, un coquetier ou une cuillère à mesure, selon la quantité d'alcool nécessaire.

### Le pilon à cocktail

Un instrument, généralement en métal, avec une extrémité ronde dentée, utilisée pour écraser des ingrédients solides.
**Alternative bon marché :** une cuillère en bois ou un pilon classique.

### La passoire à cocktail

Un objet proche de la passoire classique, mais plus petit et avec des trous plus fins.
**Alternative bon marché :** un chinois pour le thé.

### Le seau à glace (pour les grandes fêtes)

Un seau en métal, de préférence avec une double paroi isolante, suffisamment grand pour contenir les ustensiles nécessaires à la préparation des cocktails, comme les verres ou les ingrédients.

**Alternative bon marché :** n'importe quel récipient, de la casserole à la bassine (les possibilités sont infinies) !

### Le presse-citron

Disponible en plastique ou en verre, à moins que vous ne préfériez la version Juicy Salif de Philippe Starck, « un poil » plus onéreuse toutefois.

**Alternative bon marché :** vos mains.

# LES TECHNIQUES

## Piler

C'est l'action qui consiste à écraser divers ingrédients tels que le sucre, les fruits mous, les agrumes ou la menthe, afin de libérer leurs arômes. Appuyer sur les ingrédients en tournant afin de les décomposer.

## Filtrer

Cette technique permet de retirer tous les éléments solides indésirables d'un cocktail, comme le sucre ou les pépins, de façon à obtenir une texture plus lisse. Mieux vaut utiliser un chinois très fin.

## Frapper

Une technique courante utilisée pour mélanger les divers ingrédients. Mettez des glaçons dans un shaker ainsi que tous les ingrédients de la recette, placez le couvercle sur le shaker, puis secouez comme un forcené. Lorsque de la condensation se forme à l'extérieur du shaker et qu'il est glacé, le cocktail est prêt et vous pouvez le verser dans un verre.

## Remuer

Certains cocktails ne gagnent pas à être frappés, car le procédé produit des bulles qui peuvent altérer l'apparence et la texture du cocktail. Utilisez une cuillère à mélange pour remuer les ingrédients, en un geste circulaire ferme et régulier. Avec cette technique, le temps de préparation du cocktail est généralement plus long que lorsqu'on le frappe.

## Superposer

On utilise cette technique lorsqu'il est demandé de disposer les ingrédients dans un ordre précis sans qu'ils se mélangent. Pour y parvenir au mieux, le verre et les ingrédients doivent être très froids. Versez les liquides le long d'une cuillère à mélange de façon que les couches restent parfaitement séparées.

# TRUCS POUR RÉUSSIR SES COCKTAILS

1 N'allongez pas votre cocktail à moins que ce ne soit précisé dans la recette ; l'alcool ne doit pas être trop dilué. N'oubliez toutefois pas de boire avec modération.

2 Utilisez de la glace pilée pour vos cocktails sauf mention contraire dans la recette. Évitez les glaçons entiers ou la glace trop finement écrasée ; l'idéal est de concasser des glaçons. Vous obtiendrez ainsi la température et la consistance idéales pour votre cocktail, sans qu'il ne soit ni trop dilué ni trop tiède.

3 Utilisez le verre adéquat pour chaque cocktail afin de bien respecter les mesures. Pour chaque recette, vous verrez un picto indiquant le verre à prendre.

- verre à whisky
- verre à Martini
- verre tulipe
- tumbler
- flûte
- verre à Margarita

4 Rafraîchissez votre verre avant de préparer votre cocktail, il n'en sera que meilleur.

# TRUCS POUR RÉUSSIR UNE SOIRÉE COCKTAILS

1 Si possible, n'attendez pas le dernier moment. Essayez de tout préparer avant le jour de la fête. Vous pourrez ainsi vous détendre en sachant que tout est en place.

2 Prévoyez un dress code pour la soirée : cela mettra les invités dans l'ambiance et facilitera la conversation. La première idée qui vient à l'esprit est une soirée robe longue et smoking. Sinon, pourquoi ne pas imaginer un thème années folles ? Ou inviter chacun à venir habillé de la couleur de son cocktail préféré ?

3 Choisissez une musique d'ambiance en accord avec le thème de votre soirée ou quelque chose qui réchauffe un peu l'ambiance. Si vous organisez une soirée plutôt classique, préparez une compilation d'airs de jazz et laissez le rythme faire son œuvre au milieu des convives.

4 Surprenez vos invités par des éléments inattendus au cours de la soirée. Différentes idées vous seront proposées au fil des pages pour vous donner un peu d'inspiration.

# Les COCKTAILS

# Le OLD FASHIONED

CONSIDÉRÉ COMME LE PÈRE D'UNE NOUVELLE GÉNÉRATION DE COCKTAILS, LE OLD FASHIONED SE NOMMAIT À L'ORIGINE « LE COCKTAIL AU WHISKY » ET L'ON ÉTAIT CENSÉ LE PRENDRE LE MATIN POUR COMMENCER LA JOURNÉE DU BON PIED. POUR LE DISTINGUER DES AUTRES COCKTAILS, ON LUI A DONNÉ LE NOM DE « OLD FASHIONED », QUI SIGNIFIE « À L'ANCIENNE », EN RÉFÉRENCE À LA MANIÈRE DONT ON LE PRÉPARAIT.

AUJOURD'HUI, LES RARES AUDACIEUX À OSER S'Y MESURER SONT FIERS DE REDÉCOUVRIR LE PRÉCURSEUR DES COCKTAILS MODERNES.

**DIFFICULTÉ : Y Y TYPE DE VERRE : ■**

**IL FAUT : 1 MORCEAU DE SUCRE OU 1/2 CUIL. À CAFÉ DE SUCRE EN POUDRE, 3 TRAITS D'AROMATIC BITTERS, 1 TRAIT D'EAU GAZEUSE (FACULTATIF), 6 CL DE WHISKY (RYE OU BOURBON)**

1 Mettez le sucre dans le verre.

2 Ajoutez l'aromatic bitters. Si vous n'avez pas l'habitude de ce type de saveurs, prenez de l'angustura bitters, mais si vous vous sentez d'humeur aventureuse, il existe quantité de bitters à essayer.

3 Complétez avec l'eau gazeuse (facultatif).

4 Écrasez le sucre au pilon en inclinant et en tournant le verre de biais, de façon que les grains de sucre et le bitters viennent tapisser les parois du verre.

5 Ajoutez de la glace.

6 Enfin, versez le whisky de votre choix.

7 Servez avec l'élégance d'un gentleman ou d'une lady.

# Le MARTINI

CE DESCENDANT DU COCKTAIL MARTINEZ, PLUS SUCRÉ, A CONNU UN NOMBRE INCALCULABLE DE VARIANTES, MÊME DANS SA PETITE TOUCHE DÉCO. À L'ORIGINE, ON PLAÇAIT UNE CERISE DANS LE MARTINI. CE N'EST QUE DEPUIS QU'IL A ÉTÉ POPULARISÉ PAR LA SÉRIE DES FILMS DE JAMES BOND QU'IL A ENTAMÉ UNE RELATION DURABLE AVEC UNE OLIVE. MAIS UNE GRAVE QUESTION FAIT ENCORE DÉBAT : VAUT-IL MIEUX LE FRAPPER OU LE REMUER ?

# À frapper ou à remuer

**DIFFICULTÉ : ŶŶ** **TYPE DE VERRE : Ŷ**

**IL FAUT : 3,5 CL DE VERMOUTH SEC, 12 CL DE GIN, 1 OLIVE OU 1 CERISE**

1 Remplissez un shaker de glace.

2 Versez le vermouth sec, remuez rapidement pour parfumer les glaçons, puis jetez le liquide en retenant la glace à l'aide d'une passoire à cocktail.

3 Ajoutez le gin de votre choix : les connaisseurs recommandent un gin puissant et de qualité avec une teneur minimale en alcool de 47 %.

4 Remuez, ou frappez le cocktail à la James Bond, jusqu'à ce que le shaker soit glacé, puis filtrez le liquide et versez-le dans le verre.

5 Décorez avec une olive ou une cerise si vous voulez vous la jouer classique, puis savourez avec la nonchalance distinguée d'un espion.

# LA SEULE INVENTION AMÉRICAINE QUI ÉGALE LE SONNET.

H. L. MENCKEN, À PROPOS DU MARTINI

# Le
# MANHATTAN

LE MANHATTAN DOIT SON NOM AU QUARTIER ULTRA CHIC DE NEW YORK OÙ IL A ÉTÉ CRÉÉ. ON DIT QUE C'EST L'UN DES COCKTAILS LES PLUS HARMONIEUX QUI SOIENT, AVEC LE MARTINI. QUAND IL EST RÉALISÉ À LA PERFECTION, LA FUSION DES ARÔMES DOUX, PUISSANTS ET AMERS PROCURE UNE SENSATION DE L'ORDRE DE L'ORGASME GUSTATIF.

D'APRÈS LES PURISTES, IL VAUT MIEUX REMUER CE COCKTAIL AFIN DE BIEN MÉLANGER LES INGRÉDIENTS SANS LES ALTÉRER. SI VOUS LE FRAPPEZ, IL SE TROUBLERA RAPIDEMENT.

**DIFFICULTÉ :** 🍸🍸 **TYPE DE VERRE :** 🍸

**IL FAUT** : 7 CL DE WHISKY (RYE OU BOURBON),
3,5 CL DE VERMOUTH DOUX,
2 OU 3 TRAITS D'AROMATIC BITTERS,
1 CERISE OU 1 ÉCORCE DE CITRON

1 Versez le whisky (du rye de préférence, mais le bourbon convient également), le vermouth et le bitters dans un shaker rempli de glace.

2 Remuez légèrement et délicatement, mais longuement. Si vous frappez le cocktail, il sera trouble à la vue et huileux au goût.

3 Filtrez le mélange et versez-le dans le verre, puis décorez avec la cerise ou l'écorce de citron.

4 Faites semblant d'être installé au sommet de l'Empire State Building et imaginez la vue stupéfiante tout en savourant ce cocktail glamour.

# BALLONS LUMINEUX

# Réalisation

## DIFFICULTÉ :

## IL FAUT : BALLONS DE BAUDRUCHE, BÂTONS LUMINEUX, FICELLE

1 Juste avant la fête, activez les bâtons lumineux en les pliant.

2 Gonflez un ballon : il doit être très bien gonflé.

3 Pincez l'extrémité du ballon, puis glissez un bâton lumineux à l'intérieur : il ne doit pas dépasser à l'extérieur. Nouez l'extrémité du ballon.

4 Recommencez avec les autres ballons. Répartissez-les harmonieusement et tamisez les lumières à l'arrivée de vos invités, afin qu'ils puissent admirer les douces couleurs irisées.

# *Le*
# DAÏQUIRI

CUBA EST LA PATRIE DU RHUM. IL N'Y A DONC RIEN D'ÉTONNANT À CE QUE CE SOIT LÀ QU'AIT ÉTÉ INVENTÉ LE DAÏQUIRI. SON GOÛT FRANC EN A SÉDUIT PLUS D'UN ET IL FAIT MÊME UNE APPARITION DANS LE ROMAN DE F. SCOTT FITZGERALD *L'ENVERS DU PARADIS*. MAIS CE N'EST PAS SON SEUL LIEN AVEC LA LITTÉRATURE. ERNEST HEMINGWAY AVAIT UN PENCHANT CERTAIN POUR LES COCKTAILS. UN SOIR, IL EN BUT PAS MOINS DE SEIZE !

# À frapper et à remuer

**DIFFICULTÉ :** 🍸 **TYPE DE VERRE :** 🍸

**IL FAUT :** 7 CL DE RHUM BLANC, 1/2 CUIL. À CAFÉ DE SUCRE EN POUDRE, 1 CITRON VERT

1 Coupez le citron vert en deux et pressez-en le jus. Versez-le dans le shaker rempli de glace.

2 Ajoutez le sucre, puis versez le rhum. Si vous préférez utiliser du rhum ambré, diminuez la quantité de sucre.

3 Frappez énergiquement le mélange, puis versez-le dans le verre à travers une passoire à cocktail.

4 Prenez l'air cubain en sortant un havane, que vous ayez l'intention de le fumer ou non.

# La MARGARITA

**LA MARGARITA A ÉTÉ LE TOUT PREMIER COCKTAIL MAJORITAIREMENT COMPOSÉ DE TEQUILA : UN PARI AUDACIEUX VENU DU MEXIQUE, UN PAYS OÙ L'ON NE CRAINT NI LES PLATS RELEVÉS NI LES BOISSONS FORTES. PRÉSENT À LA CARTE DE TOUT BAR À COCKTAIL QUI SE RESPECTE, LA MARGARITA EST TELLEMENT POPULAIRE QU'ON LUI REND HOMMAGE CHAQUE ANNÉE À DATE FIXE EN AMÉRIQUE : LE 22 FÉVRIER EST LA JOURNÉE OFFICIELLE DE LA MARGARITA !**

**DIFFICULTÉ :** 🍸 **TYPE DE VERRE :** 🍸

**IL FAUT :** 3,5 CL DE TEQUILA, 2 CL DE TRIPLE SEC, 2 CL DE JUS DE CITRON VERT, SEL FIN, 1 RONDELLE DE CITRON VERT

1 Humectez votre doigt de jus de citron vert puis passez-le sur le bord du verre. Retournez le verre et passez le bord dans une soucoupe de sel fin.

2 Versez la tequila, le triple sec et le jus de citron vert dans un shaker rempli de glace.

3 Frappez puis filtrez le mélange et versez-le dans un verre.

4 Placez une rondelle de citron vert sur le bord du verre pour décorer. ¡Salud!

# Le SIDECAR

UN COCKTAIL, DEUX HISTOIRES TOTALEMENT DIFFÉRENTES. ON RACONTE QU'IL A ÉTÉ CRÉÉ PEU DE TEMPS APRÈS LA PREMIÈRE GUERRE MONDIALE, MAIS SES ORIGINES RESTENT ASSEZ FLOUES. D'UN CÔTÉ DE LA MANCHE, ON AFFIRME QU'IL A ÉTÉ CONCOCTÉ AVEC AMOUR À PARIS ; EN ANGLETERRE, EN REVANCHE, ON SOUTIENT QU'IL A ÉTÉ CRÉÉ DANS UN BAR TENDANCE DE LONDRES.

LES DEUX VILLES AVAIENT UNE GRANDE INFLUENCE À L'ÉPOQUE, LA COULEUR VIVE ET LE GOÛT INCOMPARABLE DE CE COCKTAIL POURRAIENT DONC PROVENIR AUSSI BIEN DE L'UNE QUE DE L'AUTRE, MAIS PEU IMPORTENT SES DÉBUTS AMBIGUS : UNE FOIS QU'ON Y A GOÛTÉ, ON REND GRÂCE AU CIEL POUR SON INVENTION.

**DIFFICULTÉ : Y** **TYPE DE VERRE : Y**

**IL FAUT : 3 CL DE TRIPLE SEC, 6 CL DE COGNAC, 3 CL DE JUS DE CITRON, 1 PETIT MORCEAU D'ÉCORCE D'ORANGE**

1 Mélangez le triple sec, le cognac et le jus de citron dans un shaker rempli de glace et frappez énergiquement.

2 Filtrez le mélange et versez-le dans un verre.

3 Pressez l'écorce d'orange au-dessus du verre et frottez-en le bord avant de la placer dans le cocktail.

4 Servez avec la classe à la française et un glamour *so british*.

# Le COSMOPOLITAN

**CRÉÉ AUX ÉTATS-UNIS DANS LES ANNÉES 1970, LE COSMOPOLITAN EST CONSIDÉRÉ COMME LA QUINTESSENCE DU STYLE ET DE L'INSOLENCE PARMI LES STARS, NOTAMMENT MADONNA. LE PERSONNAGE DE CARRIE BRADSHAW DANS *SEX AND THE CITY* A AUSSI CONTRIBUÉ À SA GLOIRE, CAR ELLE ET SES AMIES EN SIROTENT À LA MOINDRE OCCASION.**

LE SUCCÈS DE CE COCKTAIL SIMPLE MAIS GOÛTEUX NE S'EST JAMAIS DÉMENTI ET ON NE CESSE D'EN CRÉER DES VARIANTES. LES *AFICIONADOS* PEUVENT MÊME LE SAVOURER LE MATIN, AVEC UNE VODKA PARFUMÉE AU CAFÉ. ET SI VOUS REMPLACEZ LA VODKA PAR DU RHUM, VOUS DÉCOUVRIREZ LE COSMOPOLITAN DE LA BARBADE : À DÉGUSTER DE PRÉFÉRENCE LES DOIGTS DE PIED EN ÉVENTAIL SOUS UN COCOTIER.

## À frapper

**DIFFICULTÉ :** 🍸🍸🍸 **TYPE DE VERRE :** 🍸

**IL FAUT :** 4 CL DE VODKA AU CITRON, 2 CL DE LIQUEUR D'ORANGE, 2 CL DE JUS DE CANNEBERGE, 1 CITRON VERT, 1 PETIT MORCEAU D'ÉCORCE D'ORANGE

1 Mélangez la vodka au citron, la liqueur d'orange et le jus de canneberge dans le shaker rempli de glace.

2 Coupez le citron vert en deux et pressez-en le jus au-dessus du shaker.

3 Frappez énergiquement pour bien mélanger, puis filtrez le mélange et versez-le dans un verre.

4 Faites chauffer le morceau d'écorce d'orange à la flamme d'une allumette ou d'un briquet jusqu'à ce que du jus se mette à perler et versez-le dans le cocktail.

5 Décorez avec grâce et servez en déployant votre *sex appeal.*

# IL L'AURAIT TROUVÉE INSUPPORTABLE

# — À MOINS DE LA VOIR AVEC LES LUNETTES ROSES DE L'IVRESSE...

F. SCOTT FITZGERALD,
*BEAUX ET DAMNÉS*

# PIQUE BOULE À FACETTES

# Réalisation

**DIFFICULTÉ :**

**IL FAUT :** 1 PIQUE À COCKTAIL, 1 BALLE DE PING-PONG, CARREAUX DE MOSAÏQUE EN VERRE MIROIR, COLLE, PIQUE EN MÉTAL

**1** Percez la balle de ping-pong – en faisant très attention ! – à l'aide de la pique en métal de façon à former un trou du diamètre d'une pique à cocktail.

**2** Recouvrez la balle de carreaux de mosaïque et collez-les, en laissant le trou dégagé, puis laissez sécher.

**3** Lorsque la colle a séché, insérez l'extrémité de la pique à cocktail dans la balle, dans le trou prévu à cet effet, et collez-la. Laissez sécher pendant plusieurs heures.

**4** Utilisez votre pique boule à facettes pour décorer un Cosmopolitan et retournez d'un bond dans les années Disco, à l'époque où ce cocktail est né.

# Le FRENCH 75

SELON CERTAINES SOURCES, LE FRENCH 75
AURAIT ÉTÉ CRÉÉ PAR UN PILOTE
DE LA PREMIÈRE GUERRE MONDIALE
QUI COMPARAIT LA FORCE DE CE COCKTAIL
À LA PUISSANCE DE TIR D'UN CANON DE 75 MM
DE L'ARMÉE FRANÇAISE DE L'ÉPOQUE,
D'OÙ SON NOM. SON BUT ÉTAIT DE DONNER
UN SACRÉ COUP DE FOUET AU CHAMPAGNE.
ON PEUT DIRE QU'IL N'A PAS SEULEMENT ATTEINT
SON OBJECTIF, MAIS QU'IL L'A SURPASSÉ.

VOUS PENSEZ-VOUS CAPABLE DE SUPPORTER
LA FORCE DE FRAPPE DU FRENCH 75?
ASSEYEZ-VOUS CONFORTABLEMENT
ET PRÉPAREZ-VOUS AU CHOC!

# À frapper

**DIFFICULTÉ :** 🍸🍸 **TYPE DE VERRE :**

**IL FAUT :** 3,5 CL DE GIN, 1 CL DE SIROP DE SUCRE DE CANNE (COUPÉ POUR MOITIÉ AVEC DE L'EAU), 1,5 CL DE JUS DE CITRON, CHAMPAGNE (OU VIN BLANC PÉTILLANT), 1 ZESTE DE CITRON

1 Versez le gin, le sirop de sucre de canne et le jus de citron dans un shaker. Ajoutez de la glace et frappez.

2 Filtrez le mélange et versez-le dans un verre.

3 Complétez avec du champagne ou avec du vin blanc pétillant, qui représente une alternative bon marché tout à fait acceptable.

4 Décorez le verre avec le zeste de citron, après en avoir frotté le bord du verre.

5 Mettez un casque et lancez-vous dans cette dégustation explosive.

# Le BLOODY MARY

D'AUCUNS AFFIRMENT QUE SA TENEUR EN JUS DE TOMATE, UNE EXCELLENTE SOURCE DE VITAMINES C ET DE GLUTATHION (UNE SUBSTANCE CONNUE POUR COMBATTRE LES MAUVAISES TOXINES), FAIT DE CE COCKTAIL UN REMÈDE IMPARABLE À LA GUEULE DE BOIS. D'AUTRES CONSIDÈRENT QUE LA QUANTITÉ D'ALCOOL NÉCESSAIRE À SA RÉALISATION SUFFIT À REMETTRE N'IMPORTE QUI D'APLOMB.

AU DÉBUT DES ANNÉES 1930, CE COCKTAIL PRIT BRIÈVEMENT LE NOM DE RED SNAPPER, LA RAISON ÉTANT QUE BLOODY MARY SEMBLAIT TROP « VULGAIRE » POUR LE TRÈS *CHIC KING COLE BAR* DE NEW YORK OÙ ON LE SERVAIT. DE NOS JOURS, LA DÉNOMINATION DE RED SNAPPER A DISPARU, MAIS NUL NE SAIT POURQUOI LE COCKTAIL A FINALEMENT REPRIS SON NOM D'ORIGINE…

**DIFFICULTÉ :** 🍸🍸🍸🍸 **TYPE DE VERRE :**

**IL FAUT :** 6 CL DE VODKA, 10 CL DE JUS DE TOMATE, 1 CL DE JUS DE CITRON, 5 OU 6 TRAITS DE SAUCE WORCESTERSHIRE, GROS SEL, PIMENT EN POUDRE, 3 OU 4 TRAITS DE TABASCO®, 2 OU 3 PINCÉES DE POIVRE NOIR, 1 PINCÉE DE SEL DE CÉLERI, 1 MORCEAU DE BRANCHE DE CÉLERI, 1 RONDELLE DE CITRON, 1 TOMATE CERISE, 1 PIQUE À COCKTAIL

1 Mélangez du gros sel et du piment en poudre à parts égales dans une coupelle à fond plat.

2 Humectez votre doigt de jus de citron vert puis passez-le sur le bord du verre. Retournez le verre et passez le bord dans la soucoupe contenant le sel et le piment.

3 Versez la vodka, le jus de tomate, le jus de citron, la sauce Worcestershire, le Tabasco®, le poivre et le sel de céleri dans un shaker rempli de glaçons et frappez énergiquement.

4 Remplissez le verre de glaçons. Généralement, le Bloody Mary se boit pendant la journée. Les glaçons permettront de maintenir le cocktail frais plus longtemps, vous pourrez ainsi prendre tout votre temps pour le déguster.

5 Filtrez le mélange et versez-le dans un verre.

6 Enfilez le morceau de céleri, la rondelle de citron et la tomate cerise sur la pique à cocktail et posez-la en équilibre sur le bord du verre. Il ne vous reste plus qu'à vous délecter de ce fabuleux breuvage.

AH ! VOUS AVEZ ENVIE D'UN JOHN COLLINS ! EXCELLENTE IDÉE ! PRENONS UN JOHN COLLINS TOUT À FAIT FAMEUX POUR LE… *WOODEN MOUTH* ! COMMENT DITES-VOUS EN FRANÇAIS ?
— ÇA DÉPEND ! LE DOCTEUR HÉRICOURT DIT XYLOSTOME, LES VOYOUS PRONONCENT GUEULE DE BOIS.

ALPHONSE ALLAIS,
*ON N'EST PAS DES BŒUFS*

# Le TOM COLLINS

CRÉÉ EN 1820, LE TOM COLLINS EST L'UN DES PLUS ANCIENS COCKTAILS À AVOIR JAMAIS ÉTÉ MIS AU POINT. SA RECETTE A BEAUCOUP ÉVOLUÉ AU FIL DES ANS ET IL EN EXISTE UNE QUANTITÉ IMPRESSIONNANTE DE VARIANTES, QUE L'ON DISTINGUE PAR LE PRÉNOM UTILISÉ DANS SA DÉNOMINATION. LES DEUX PLUS POPULAIRES SONT LE TOM COLLINS, À BASE DE GIN, ET LE JOHN COLLINS, QUI CONTIENT DU WHISKY. ON TROUVE ÉGALEMENT LE JUAN COLLINS, À LA TEQUILA ET LE JACK COLLINS, DONT L'INGRÉDIENT PRINCIPAL EST L'EAU-DE-VIE DE POMME.

## À frapper et à remuer

**DIFFICULTÉ :** 🍸 **TYPE DE VERRE :** ▮

**IL FAUT :** 6 CL DE GIN SEC, 3 CL DE JUS DE CITRON, 1 CUIL. À CAFÉ DE SUCRE EN POUDRE, 1 TRAIT D'EAU GAZEUSE, 1 CERISE, 1 ZESTE D'ORANGE

1. Mettez le gin, le jus de citron et le sucre dans un shaker rempli de glace et frappez bien.

2. Filtrez le mélange et versez-le dans le verre.

3. Complétez avec un peu d'eau gazeuse et remuez.

4. Décorez avec la cerise. Pressez le zeste d'orange au-dessus du cocktail, puis mettez-le dans le verre.

5. Levez votre verre à Tom, ou à John, Juan ou Jack, selon la version que vous avez choisie.

# Le QUEEN MOTHER

LORSQUE VOUS DÉGUSTEREZ CE COCKTAIL, N'OUBLIEZ PAS DE LEVER VOTRE VERRE EN SOUVENIR DE LA REINE MÈRE D'ANGLETERRE ET À LA SANTÉ DE LA REINE ÉLISABETH II. CE COCKTAIL ÉTAIT LE PRÉFÉRÉ DE LA REINE MÈRE ET IL N'ÉTAIT PAS RARE QU'ELLE NE S'EN OCTROIE PAS UN, MAIS DEUX AVANT DE PRENDRE SON DÉJEUNER. SES PROPORTIONS FAVORITES ÉTAIENT DE TROIS PARTS DE DUBONNET POUR SEPT PARTS DE GIN. DEPUIS LE JUBILÉ DE DIAMANT D'ÉLISABETH II ET D'AUTRES FESTIVITÉS ROYALES RÉCENTES, LE QUEEN MOTHER CONNAÎT UN REGAIN DE POPULARITÉ ET ON LE VOIT DE PLUS EN PLUS SOUVENT À LA CARTE DES BARS À COCKTAILS.

## À remuer

**DIFFICULTÉ :** 🍸 **TYPE DE VERRE :** 🍷

**IL FAUT :** 16,5 CL DE GIN, 7,5 CL DE DUBONNET,
1 TRAIT DE TONIC (FACULTATIF),
1 ZESTE D'ORANGE OU DE CITRON

1. Mettez quelques glaçons dans un verre.

2. Versez le gin et le Dubonnet sur les glaçons.

3. Si vous n'avez pas le cœur aussi bien accroché que l'avait la Reine Mère, ajoutez le trait de tonic.

4. Décorez avec le zeste d'orange ou de citron.

5. Trouvez un trône pour vous asseoir et dégustez votre cocktail avec un port de reine.

JE PENSE QUE JE VAIS EMPORTER DEUX PETITS

DUBONNET AND GIN CE MATIN, JUSTE AU CAS OÙ.

ELIZABETH BOWES-LYON,
*LA REINE MÈRE*

# TUBES À CONFETTIS

# Réalisation

**DIFFICULTÉ :**

**IL FAUT :** TUBES À ESSAI EN PLASTIQUE AVEC COUVERCLES, PAPIER DE SOIE DE DIFFÉRENTES COULEURS, CISEAUX OU PERFORATRICE

1 À l'aide des ciseaux ou de la perforatrice, découpez des petits carrés ou ronds dans le papier de soie.

2 Garnissez les tubes à essai de confettis, en veillant à bien répartir les couleurs entre les tubes.

3 Placez les couvercles sur les tubes.

4 Célébrez le succès de votre fête en invitant vos convives à retirer les bouchons et à envoyer les confettis voler en l'air pour créer une pluie de confettis dans la pièce.

# *La*
# PIÑA COLADA

**LA PREMIÈRE RÉFÉRENCE À LA PIÑA COLADA DATE DE 1906 DANS UN NUMÉRO DU WASHINGTON POST. LE COCKTAIL SE NOMMAIT ALORS « *PINA FRIA* » (ANANAS FRAIS), CAR IL NE CONTENAIT NI RHUM NI LAIT DE COCO.**

CE N'EST QU'EN 1922 QU'UNE VERSION APPROCHANTE DE CELLE QUE L'ON CONNAÎT AUJOURD'HUI EST APPARUE DANS UN MAGAZINE : LA RECETTE INDIQUAIT D'AJOUTER DU RHUM À LA BASE. EN 1937, UNE NOUVELLE VARIANTE PROPOSAIT DE REMPLACER LE RHUM PAR DU LAIT DE COCO. L'UNION DES TROIS INGRÉDIENTS EN UN SEUL ET MÊME VERRE A FINALEMENT ÉTÉ CÉLÉBRÉE EN 1954, MAIS L'IDENTITÉ DU CRÉATEUR DE CE COCKTAIL DANS SA FORME FINALE PRÊTE TOUJOURS À CONTROVERSE À L'HEURE ACTUELLE.

## À frapper

**DIFFICULTÉ :** 🍸🍸 **TYPE DE VERRE :**

**IL FAUT :** 5 CL DE JUS D'ANANAS, 4,5 CL DE RHUM BLANC, 5 CL DE CRÈME DE COCO, 2 TRIANGLES D'ANANAS

1 Versez tous les ingrédients liquides dans un shaker et complétez avec de la glace.

2 Frappez énergiquement jusqu'à l'obtention d'une texture assez épaisse.

3 Filtrez le mélange et versez-le dans le verre, ou un demi-ananas dont vous aurez ôté le cœur si vous recherchez une ambiance « vacances à la plage ».

4 Incisez le centre de chaque morceau d'ananas et ornez-en le bord du verre.

5 Installez-vous sur une chaise longue, mettez de la musique des Caraïbes en fond sonore et délectez-vous de ce grand classique tropical.

**AUPRÈS DE LUI ÉTAIT UN VERRE D'EAU ET DE RHUM BRÛLANT, DANS LEQUEL NAGEAIT UNE TRANCHE DE LIMON ;**

**ET CHAQUE FOIS QU'IL SE BAISSAIT POUR AMENER LES TARTINES DE PAIN AUPRÈS DE SON ŒIL, AFIN DE JUGER COMMENT ELLES RÔTISSAIENT, IL SIROTAIT UNE GOUTTE OU DEUX DE GROG.**

CHARLES DICKENS, *LES PAPIERS POSTHUMES DU PICKWICK CLUB*

# Le JACK ROSE

SELON L'UNE DES NOMBREUSES LÉGENDES QUI CIRCULENT À SON PROPOS, CE COCKTAIL AURAIT ÉTÉ CRÉÉ POUR JACOB ROSENBERG, UN GANGSTER ET JOUEUR DE CASINO SULFUREUX SURNOMMÉ « BALD JACK ROSE » DANS LE MILIEU DE LA PÈGRE NEW-YORKAISE. TOUTE FASCINANTE QU'ELLE SOIT, CETTE HISTOIRE EST PEU CRÉDIBLE. LA RAISON LA PLUS RATIONNELLE TIENDRAIT À L'INGRÉDIENT PRINCIPAL DU COCKTAIL, L'APPLEJACK (OU CALVADOS) QUI POSSÈDE UNE TEINTE ROSÉE.

UN DÉLICIEUX BREUVAGE POUR CEUX QUI APPRÉCIENT LE SIDECAR, MAIS NETTEMENT MOINS LA GUEULE DE BOIS.

# À frapper

**DIFFICULTÉ :** 🍸 **TYPE DE VERRE :** 🍸

**IL FAUT :** 7,5 CL DE CALVADOS, 3 CL DE JUS DE POMME FRAIS, 1,5 CL DE SIROP DE GRENADINE

1. Versez tous les ingrédients dans un shaker rempli de glace et frappez énergiquement.

2. Filtrez le mélange et versez-le dans un verre.

3. Servez le cocktail en racontant une histoire scandaleuse de votre cru qui laissera vos convives pantois.

BRETT N'ARRIVANT PAS, JE DESCENDIS AU BAR,

À SIX HEURES MOINS LE QUART. JE PRIS UN JACK ROSE AVEC GEORGE, LE BARMAN.

ERNEST HEMINGWAY,
*LE SOLEIL SE LÈVE AUSSI*

# Le NEGRONI

**TRADITIONNELLEMENT SERVI À L'APÉRITIF, LE NEGRONI FAIT UN GRAND RETOUR CES DERNIÈRES ANNÉES. SI VOUS FAITES UN TOUR À SAN FRANCISCO, RENDEZ-VOUS AU JASPER'S CORNER TAP & KITCHEN, OÙ ON LE SERT À LA PRESSION.**

LE NEGRONI A ÉTÉ CRÉÉ EN 1919, À FLORENCE. LE COMTE NEGRONI A DEMANDÉ À CE QU'ON LUI SERVE SON HABITUEL AMERICANO, MAIS EN LUI DONNANT « UN PEU DE MORDANT ». LE BARMAN A ALORS EU L'IDÉE DE REMPLACER L'EAU GAZEUSE PAR DU GIN. ESPÉRONS QUE LE DÉSORMAIS CLASSIQUE NEGRONI CONSERVE SA FORME ACTUELLE À JAMAIS !

**DIFFICULTÉ :** 🍸🍸 **TYPE DE VERRE :**

**IL FAUT :** 3,5 CL DE CAMPARI, 3,5 CL DE VERMOUTH ROUGE, 3,5 CL DE GIN, 1 PETIT MORCEAU D'ÉCORCE D'ORANGE

1 Versez les ingrédients le long d'une cuillère à mélange dans le verre rempli de glace.

2 Remuez à l'aide de la cuillère à mélange.

3 Faites chauffer le morceau d'écorce d'orange à la flamme d'une allumette ou d'un briquet jusqu'à ce que du jus commence à perler, puis placez l'écorce dans le cocktail pour lui donner du pep's.

4 *Salute !*

LE MANHATTAN, LE DRY MARTINI ET LE NEGRONI

SONT À MON AVIS LE TRIO GAGNANT AU ROYAUME DES COCKTAILS.

GARY REGAN

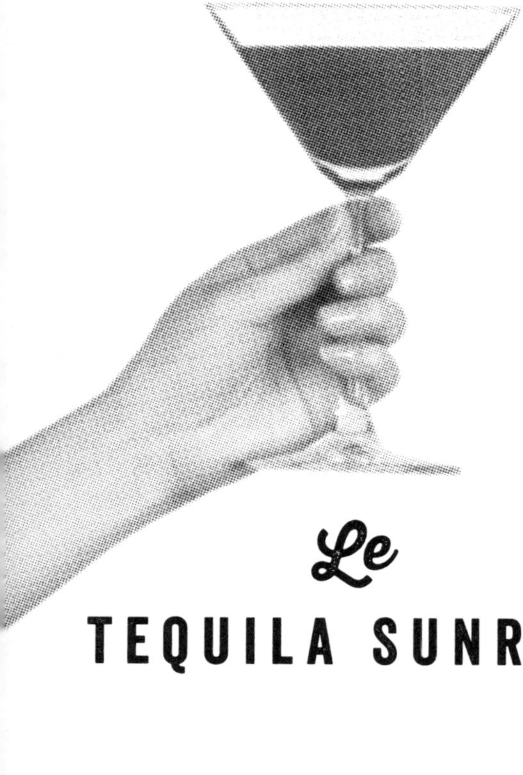

# Le TEQUILA SUNRISE

LE TEQUILA SUNRISE QUE VOUS CONNAISSEZ CONTIENT PROBABLEMENT UNE GRANDE QUANTITÉ DE JUS D'ORANGE. SI C'EST LA VERSION LA PLUS POPULAIRE DE NOS JOURS — UNE TENDANCE APPARUE DANS LES ANNÉES 1970 —, LA RECETTE ORIGINALE DU TEQUILA SUNRISE N'A PAS GRAND-CHOSE À VOIR AVEC CELLE-CI, DU MOINS AU NIVEAU DU GOÛT, MÊME SI ELLE A LA MÊME SUPERBE APPARENCE DE « SOLEIL LEVANT ».

FAITES PREUVE D'AUDACE ET TENTEZ LA RECETTE ORIGINALE, INJUSTEMENT OUBLIÉE ET, SI ELLE VOUS PLAÎT, POURQUOI NE PAS ESSAYER DE LANCER UN *REVIVAL* DE LA VERSION CLASSIQUE ?

**DIFFICULTÉ :** 🍸🍸🍸 **TYPE DE VERRE :** 🍸

**IL FAUT :** 5 CL DE TEQUILA, LE JUS DE 1/4 DE CITRON VERT, 2 CL DE CRÈME DE CASSIS, EAU GAZEUSE, 1 RONDELLE D'ORANGE, 1 CERISE AU MARASQUIN

1. Versez la tequila, puis le jus de citron vert le long d'une cuillère à mélange dans un verre rafraîchi.

2. Versez la crème de cassis le long de la cuillère afin qu'elle se superpose sur les autres ingrédients.

3. Complétez avec l'eau gazeuse.

4. Décorez avec la rondelle d'orange et la cerise au marasquin.

5. Prenez le temps de savourer le dégradé de rouges, d'oranges et de jaunes, puis remuez et dégustez.

# Le SINGAPORE SLING

LE SINGAPORE SLING AURAIT ÉTÉ INVENTÉ IL Y A UNE CENTAINE D'ANNÉES PAR LE BARMAN CHINOIS NGIAM TONG BOON, QUI TRAVAILLAIT AU *LONG BAR*, LE BAR DU MYTHIQUE HÔTEL *RAFFLES*, À SINGAPOUR.

LA COULEUR VIBRANTE DE CE COCKTAIL, QUI ÉVOQUE LES COULEURS CHAUDES DU SOLEIL COUCHANT, LUI CONFÈRE UN ATTRAIT IRRÉSISTIBLE. C'EST LA BOISSON PARFAITE LORSQU'ON SOUHAITE CRÉER UNE ATMOSPHÈRE EXOTIQUE.

# À frapper

**DIFFICULTÉ :** 🍸🍸 **TYPE DE VERRE :** ▮

**IL FAUT :** 7 CL DE GIN, 1,5 CL DE CHERRY BRANDY, 0,7 CL DE GRENADINE, 0,7 CL DE BÉNÉDICTINE, 2 CL DE JUS D'ORANGE, 1,5 CL DE JUS DE CITRON VERT, 2 TRAITS DE BITTERS, 1 RONDELLE D'ORANGE, 1 CERISE AU MARASQUIN

1. Mélangez tous les ingrédients dans un shaker, ajoutez de la glace et frappez jusqu'à ce qu'une bonne quantité de mousse se forme à la surface.

2. Filtrez la préparation et versez-la dans le verre rempli de glace.

3. Incisez la rondelle d'orange pour pouvoir la placer à cheval sur le bord du verre et ajoutez la cerise au marasquin dans le verre.

4. Transformez votre salon en une réplique du *Long Bar*, avec des palmiers et des serveurs vêtus de blanc.

# VERRES À SEQUINS PERSONNALISÉS

# Réalisation

**DIFFICULTÉ :**

**IL FAUT : VERRES À COCKTAILS, SEQUINS ET FAUSSES PIERRERIES EN PLASTIQUE, COLLE À BOIS**

1 Dans une boutique de loisirs créatifs, achetez des verres à cocktail bon marché (des verres en plastique feront l'affaire), ainsi que des sequins et des fausses pierres précieuses de différentes tailles et formes.

2 Avant la fête, collez les sequins et les fausses pierres précieuses sur les verres à l'aide de la colle à bois (ne remontez pas au-delà de 2 cm du buvant). Vous pouvez par exemple les utiliser pour écrire le nom de chaque invité sur les verres. Vous trouverez des dizaines d'autres idées créatives sur Internet.

3 Au fur et à mesure que vos convives arriveront, remplissez leurs verres de délicieux cocktails et laissez-les s'extasier sur vos verres personnalisés.

# Le
# RAMOS GIN FIZZ

**ÉLÉGANT, SOYEUX ET DÉLICIEUX (DU MOINS SI VOUS LE RÉUSSISSEZ), LE RAMOS GIN FIZZ EST ASSEZ DIFFICILE À PRÉPARER, MAIS LE JEU EN VAUT LARGEMENT LA CHANDELLE. POUR CERTAINS, LA PRÉSENCE DE BLANC D'ŒUF CRU SERA RÉDHIBITOIRE, MAIS SI VOTRE ESTOMAC N'Y VOIT PAS D'INCONVÉNIENT PARTICULIER, ESSAYEZ CE COCKTAIL, C'EST UN MUST.**

POUR RÉALISER CE COCKTAIL DANS LES RÈGLES DE L'ART, SON CRÉATEUR C. RAMOS ET SON ÉQUIPE DE BARMEN PRÉCONISAIENT DE FRAPPER LA BOISSON SANS DISCONTINUER PENDANT 12 MINUTES AFIN D'OBTENIR UNE TEXTURE DE MERINGUE PARFAITE. MAIS NE PANIQUEZ PAS, CETTE TECHNIQUE N'EST PLUS D'ACTUALITÉ, À MOINS QUE VOUS NE SOUHAITIEZ ASSOCIER UNE SÉANCE DE FITNESS À VOTRE PRÉPARATION DE COCKTAIL.

## À frapper

**DIFFICULTÉ :** 5/5 **TYPE DE VERRE :**

**IL FAUT :** 6 CL DE GIN, 3 CL DE CRÈME ENTIÈRE ÉPAISSE, 1 BLANC D'ŒUF, LE JUS DE 1/2 CITRON, LE JUS DE 1/2 CITRON VERT, 2 OU 3 GOUTTES D'EAU DE FLEUR D'ORANGER, 1 TRAIT D'EAU GAZEUSE

1 Mettez tous les ingrédients à l'exception de l'eau gazeuse dans un shaker rempli de glace.

2 Frappez le mélange énergiquement pendant au moins 2 minutes, mais si vous vous sentez d'humeur résiliente (ou masochiste, au choix), vous pouvez aller jusqu'à 12 minutes !

3 Filtrez le mélange et versez-le dans le verre. Ajoutez l'eau gazeuse.

4 Savourez l'onctuosité du mélange et laissez-vous emporter dans un rêve éveillé et légèrement éméché.

# Le WHISKEY SOUR

LE WHISKEY SOUR A ÉTÉ MENTIONNÉ OFFICIELLEMENT POUR LA PREMIÈRE FOIS DANS LE *BARTENDER'S GUIDE* (GUIDE DU BARMAN) DE JERRY THOMAS EN 1862. CEPENDANT, IL SEMBLERAIT QU'IL AIT DÉJÀ FAIT QUELQUES ÉMULES À L'UNIVERSITÉ DE VIRGINIE, AU SEIN DE LA *JEFFERSON LITERARY & DEBATING SOCIETY*, LE PLUS ANCIEN CERCLE UNIVERSITAIRE CONNU, CRÉÉ IL Y A PRÈS DE DEUX SIÈCLES. ON NE SAIT PAS EXACTEMENT EN QUELLE ANNÉE LE WHISKEY SOUR S'EST IMMISCÉ DANS CES RÉUNIONS, MAIS ON RACONTE QUE LE CÉLÈBRE AUTEUR EDGAR ALLAN POE, QUI PRENAIT RÉGULIÈREMENT PART À CES DISCUSSIONS, APPRÉCIAIT GRANDEMENT CE MÉLANGE PUISSANT ET ACIDE.

**DIFFICULTÉ :** Y Y Y Y **TYPE DE VERRE :** ■

**IL FAUT :** 6 CL DE WHISKY (RYE, TRADITIONNELLEMENT, OU DU BOURBON), 3 CL DE JUS DE CITRON, 1 CUIL. À CAFÉ DE SUCRE EN POUDRE, 1/2 BLANC D'ŒUF (FACULTATIF), 1 CERISE AU MARASQUIN, 1 MORCEAU D'ÉCORCE D'ORANGE

1 Mettez le sucre et le whisky dans un shaker rempli de glace et dissolvez le sucre en remuant à l'aide d'une cuillère à mélange.

2 Ajoutez le jus de citron et, éventuellement, le blanc d'œuf, puis frappez énergiquement. Si vous intégrez le blanc d'œuf, frappez le mélange pendant 1 minute supplémentaire afin d'obtenir une texture onctueuse.

3 Faites chauffer le morceau d'écorce d'orange à la flamme d'une allumette ou d'un briquet jusqu'à ce que du jus commence à perler, puis placez l'écorce dans le cocktail. Ajoutez la cerise. Entamez une discussion pleine d'esprit avec vos amis et sirotez votre cocktail.

# Le MAÏ TAÏ

**SI VOUS NE TROUVEZ PAS DE PRÉTEXTE POUR BOIRE UN MAÏ TAÏ PENDANT LES 364 AUTRES JOURS DE L'ANNÉE, ASSUREZ-VOUS D'EN AVOIR UN LE 30 AOÛT, LA JOURNÉE NATIONALE DU MAÏ TAÏ À HAWAÏ.**

SI L'IDENTITÉ DU CRÉATEUR DE CE COCKTAIL RESTE UN MYSTÈRE, ON SAIT EN REVANCHE QUE C'EST « TRADER VIC » BERGERON, LE FONDATEUR DES CHAÎNES DE RESTAURANTS TRADER VIC'S, QUI L'A POPULARISÉ. LORSQU'IL L'A FAIT GOÛTER À SES DEUX PREMIERS COBAYES, DEUX DE SES AMIS TAHITIENS, CEUX-CI LUI ONT ASSURÉ « *MAITA'I ROA AE !* », QUI SIGNIFIE PLUS OU MOINS « LE MEILLEUR DU MONDE ! ». DEPUIS, LA FORME ABRÉGÉE MAÏ TAÏ S'EST IMPOSÉE ET C'EST SOUS CETTE APPELLATION QUE CE COCKTAIL EST DÉSORMAIS CONNU UNIVERSELLEMENT.

**DIFFICULTÉ :** 🍸🍸 **TYPE DE VERRE :** ■

**IL FAUT :** 3,5 CL DE RHUM BLANC, 3,5 CL DE RHUM AMBRÉ, 3,5 CL DE CURAÇAO À L'ORANGE, 1,5 CL DE SIROP D'ORGEAT, LE JUS DE 1 CITRON VERT, 1 CERISE AU MARASQUIN

1 Versez tous les ingrédients liquides à l'exception du rhum ambré dans un shaker rempli de glace et frappez énergiquement.

2 Filtrez le mélange et versez-le dans un verre rempli à moitié de glaçons.

3 Ajoutez le rhum ambré dans le verre en le faisant glisser le long d'une cuillère à mélange afin de le répandre uniformément.

4 Décorez avec la cerise, puis lancez « Maï Taï ! » en savourant ce cocktail à nul autre pareil.

# LES BONBONS,
# C'EST BON,
# MAIS LA LIQUEUR
# VA DROIT AU CŒUR.

OGDEN NASH

# Le
# PUNCH PLANTEUR

D'APRÈS PLUSIEURS SOURCES, CE COCKTAIL AURAIT ÉTÉ INVENTÉ DANS LES ANNÉES 1650, CE QUI EN FAIT DE LOIN LE PLUS ANCIEN COCKTAIL DE TOUS LES TEMPS, NÉ BIEN AVANT QUE CE TYPE DE BOISSON NE DEVIENNE UN MUST DANS LES BARS ET LES SOIRÉES BRANCHÉES. ON PENSE SOUVENT QUE LE PUNCH PLANTEUR VIENT DE LA JAMAÏQUE, MAIS CERTAINS ÉLÉMENTS RÉCENTS TENDRAIENT À PROUVER QU'IL A ÉTÉ CRÉÉ À CHARLESTON, AUX ÉTATS-UNIS, À L'HÔTEL *PLANTERS*.

OÙ QUE VOTRE IMAGINATION VOUS EMMÈNE, QUE CE SOIT SUR LES PLAGES D'HAWAÏ OU DANS LES RUES PITTORESQUES DE CHARLESTON, DÉGUSTEZ CE FABULEUX MÉLANGE DE SAVEURS COMME SI VOUS ÉTIEZ AU PARADIS.

# À frapper et à remuer

**DIFFICULTÉ :** 🍸🍸 **TYPE DE VERRE :**

**IL FAUT :** 3 CL DE RHUM AMBRÉ, 3 CL DE RHUM BLANC, 1,5 CL DE CURAÇAO À L'ORANGE, 5 CL DE JUS D'ORANGE, 5 CL DE JUS D'ANANAS, 1,5 CL DE MIEL LIQUIDE, 1,5 CL D'EAU, LE JUS DE 1 CITRON VERT, 1 TRAIT DE GRENADINE, 1 TRAIT DE BITTERS, 1 MORCEAU D'ÉCORCE D'ORANGE, 1 CERISE

1 Versez les 5 premiers ingrédients dans un shaker rempli de glace et frappez énergiquement.

2 Faites chauffer le miel et l'eau et remuez jusqu'à l'obtention d'une consistance épaisse, mais liquide.

3 Versez ce mélange dans le shaker, puis ajoutez le jus de citron vert, la grenadine et le bitters puis remuez.

4 Filtrez le mélange et versez-le dans un verre. Décorez avec l'écorce d'orange et la cerise, puis savourez en imaginant le bruit des vagues ou la rumeur de la ville.

# SACS À PAILLETTES

## Réalisation

**DIFFICULTÉ :**

**IL FAUT :** SACS EN TOILE UNIS, 1 FEUTRE À TISSU, 1 GABARIT DE VERRE À COCKTAIL, SEQUINS ET FAUSSES PIERRES PRÉCIEUSES, COLLE À BIJOUX

1 Prenez un sac en toile et tracez au feutre les contours d'un verre à cocktail; vous trouverez des centaines de gabarits et de modèles à imprimer sur Internet.

2 Ensuite, collez les sequins et les fausses pierres sur le sac à l'aide de la colle à bijoux, en suivant les contours du verre. Vous pouvez choisir une seule couleur par sac, mais en plaçant une teinte sombre en bas, puis en utilisant des teintes de plus en plus claires jusqu'en haut. Faites de même pour chaque sac.

# *Le* LAST WORD

CE COCKTAIL EST NÉ DANS LES ANNÉES 1920 AUX ÉTATS-UNIS, À L'ÉPOQUE DE LA PROHIBITION. CE N'EST PAS UN BARMAN QUI L'A CRÉÉ, MAIS UN ARTISTE DE SCÈNE. MALGRÉ UN NOM QUI NE MANQUE PAS D'APLOMB (*THE LAST WORD* SIGNIFIE « LE DERNIER MOT »), CE COCKTAIL N'A JAMAIS VRAIMENT RÉUSSI À TROUVER SA PLACE À LA CARTE DES BARS À COCKTAILS.

GOÛTEZ-LE, APPRÉCIEZ SES SAVEURS MORDANTES ET N'OUBLIEZ PAS DE RÉPÉTER TOUT LE BIEN QUE VOUS PENSEZ DU LAST WORD AUTOUR DE VOUS.

# À frapper

**DIFFICULTÉ :** 🍸 **TYPE DE VERRE :** 🍸

**IL FAUT :** 3,5 CL DE GIN, 3,5 CL DE MARASQUIN, 3,5 CL DE CHARTREUSE VERTE, 1 CITRON VERT

1. Versez les ingrédients liquides dans un shaker rempli de glace.

2. Coupez le citron vert en deux, pressez-en le jus et versez-le dans le shaker.

3. Frappez énergiquement, puis filtrez le mélange et versez-le dans un verre.

4. Servez ce cocktail à vos invités avec l'exubérance d'un artiste de scène et faites de votre soirée un événement que personne n'oubliera jamais.

Imprimé en Chine par C&C en septembre 2019
Dépôt légal : octobre 2019
44-6986-6
ISBN : 978-2-01-709223-0